JN130279

Door to Happiness

幸福への扉

ヨグマタ
相川圭子

光文社

幸福への扉

はじめに

すべてに神があり、そこら中に神があります。神の意思によってこの宇宙は創造されました。科学的にはビッグバンが起きて、この世界が創造されたのです。

　宇宙は大自然です。神によって惑星や地球が創造され、そこに生物が創造され、その一つとして人間もこの宇宙に創造されたのです。この大きな宇宙と同じ素材で私たち人間もできています。この体は小宇宙なのです。

　ヒマラヤ聖者は、人はどこからやってきて何をするために生まれてきたのか。神を知りたい。そして、宇宙のすべてについて知っていきたいと思ったのです。神が与えてくれたこの体と心がどうなっているのか。その力をどういかすのか。正しく使っているのか。私たちはなぜ苦しむのか。ヒマラヤ聖者は小宇宙を修行することでそれらを探求し、そして究極の存在、永遠の存在という真理に出会ったのです。

　私は、ヒマラヤ聖者に純粋な人である

と、純粋な魂であるということで選ばれました。あるテレビ局の番組に、ヒマラヤ聖者が出演のためにやってきました。すでに私は十代のころからヨガに出会い、その魅力にとりつかれ、インドのヨガ道場をくまなく巡ったり、アメリカでダンスや心理学、さまざまなヒーリングを学び、そしてヨガの教室を都内50か所のカルチャーセンターで開いていました。

　そのころ、さらに真理を学びたいと思っていた矢先に、私はテレビ番組を手伝うことでその聖者に出会い、その後、ヒマラヤまで行くことになりました。実は子供のころより、真理に出会いたいと、そうした願いを心のどこかに持っていたのです。ですからこのチャンスを待っていたといえます。そして、何年も厳しい修行をヒマラヤ秘境で続け、ついに究極のサマディという最高の意識状態を体験したのです。

　ヒマラヤの奥地でのある日の修行で、究極の涅槃に達しました。深い瞑想から究極のサマディに没入し、目が覚めたときは、すでに四日間が経っていました。神と一体の究極の意識状態にずっととどまっていたのです。それは真理を悟り、神と本当の自分に実際になり体験したのです。

そして今、私の悟った智恵を、わかりやすい、短い言葉として、あなたの魂にしみいるようにつづりました。あなたの心が軽やかになり、体が目覚め、さらにもっと意識が進化して、あなたがいかに生きるかという本当の道に出会っていく、そのきっかけになりますように。そうした愛ある言葉、真理からの言葉を、この本に紹介させていただきました。

言葉に触れることであなたの内側が目覚め、あなたの中に愛があふれ、あるいは智恵があふれるきっかけになっていくことでしょう。

さらにあなたは楽になり、幸せになり、クリエイティブになり、あなたの家族が幸せになりますように。そうした進化した意識で平和で力強い社会になりますように。日本が平和になりますように。また世界がより平和になりますように。そうした願いをこめて、この言葉を送ります。

あなたは一つひとつの言葉を丁寧に読み進め、そして目を閉じて味わってください。

Door to Happiness

I

神は気まぐれです。
あなたは神と同じクオリティの人につながると、
神とコンタクトできます。
神を知った悟りの人は神の道をガイドします。
あなたはその力で神につながり、
神を愛するとあなたは神に愛されます。
神の守りをいただき、楽に生きられるのです。

Door to Happiness

2

神はあなたを支える存在でそこら中にあるのです。
でも神に達することができないのです。
なぜならそれは大変な力を持つ存在だからです。

3

神に達した人のガイドを受け、
神に達することができるのです。
あなたの心身を浄め、それを超えることで
神に到達することができるのです。

DOOR TO HAPPINESS

4

神が創った存在があります。
あなたの隣人です。
その人を助けること、
神に向かうように助けることが一番の善行です。

Door to Happiness

5

私はあなたの中にある
ダイヤモンドの磨き方を教えます。
今のままではコークスなのです。
そしてコークスはコークスを呼ぶのです。
早くあなたがダイヤモンドに
出会う方法を教えます。

DOOR TO HAPPINESS

6

あなたの魂は宇宙の魂から分かれた存在です。
その魂はあなたの奥深くにあるのです。
だから宇宙も近いのです。
あなたは神の子であること、
そのことを忘れないのです。

7

あなたは感覚器官をもって、
いろいろなものを確認しています。
神は感覚ではとらえられないのです。
愛を使うのです。

DOOR to HAPPINESS

8

感じるものは形のあるもの。
人の中に形のない源があります。
形のないものはそこにあるのです。
ガイドであるマスターの純粋な橋が
そこにかけられます。
橋を渡って、それになることで
本当の自分になること、悟ることができるのです。

DOOR to HAPPINESS

9

今という瞬間は時がないのです。
時を刻むのは心です。
心を超えたとき、今が現れるのです。

Door to Happiness

10

心は区別するのです。
大きい小さい、きれい汚い、
質がいい悪い、うれしい悲しい、
だから心がないほうが幸せなのです。

Door to Happiness

II

心はクリエイティブです。
土台があってその上に積み重ねられていきます。
良いもの、バランスのとれたもの、
純粋なものを選択します。
空気のようなものを選択します。

12

心には癖があります。
さまざまな結ぼれは気づきで溶かし愛で癒します。
それは真理への道です。
そのことで心が癒され、それを超え、
大きな人になるのです。

Door to Happiness

13

形のあるものはやがて消えてなくなるもの。
永遠の存在はなくならないもの。
これらが宇宙にあります。
真理は何なのかを知ることが
苦しみからの解放です。

14

心は使えば使うほど強くなります。
頑固にならないように、
心を空っぽにしましょう。
それが進化です。

DOOR TO HAPPINESS

15

心を強めるとあなたの考えにこだわり
ほかの人を裁きます。
心は譲ったり、折れたり、
休んだりすることが必要なのです。
心を自己防衛で鍛えすぎると、
本当のものが見えなくなるのです。

DOOR TO HAPPINESS

16

世の中は心を鍛えることが
いいことだと思っています。
それは争いが起きる土壌を作っているのです。

17

わからなくても、
命が輝くことをまずやってみるのです。
次第に内側の光でいろいろなことが
わかってくるのです。

Door to Happiness

18

最初から何でもわかることは大変です。
それは膨大な数の事柄で、
それを紐解いていると前に進まないのです。
宇宙的な愛をもってまず前に進むのです。
そこに間違いは発生しません。

19

心はギブアンドテイクです。
物質界のバランスです。
神からこの体とこの心をいただいたのです。
最高の幸せは神のもとに還るために
捧げていくことです。

Door to Happiness

20

意識を進化させると
あなたは心から離れられるのです。
意識と心は違うものです。
心に蓄積する記憶から思いが引き出されて、
常に心が動きます。
あんまり気を使いすぎると
心が揺れてしまうのです。

DOOR TO HAPPINESS

21

良い行いを選択しましょう。
人に親切にします。人を助けます。
その結果があなたについてくるのです。
因果応報です。

22

心が汚れることは行いません。
うそをつきません。
暴力を振るいません。
欲望で度が過ぎることをしてはならないのです。
あなたに結果がついて回るのです。

Door to Happiness

23

目、耳、舌と刺激するものが欲しいと
翻弄されます。
その欲望を抑制する人は意志の力が強く、
務めに励む人は、
欲望の悪魔にうちひしがれないのです。
岩山が雨風に曝されても泰然としているように。

Door to Happiness

24

勧める戒めがあります。
それは良いエネルギーを育み、
神との絆を強める生き方です。

25

愚かな人が、悪いことをして
すぐにその報いがやってこないときは
それを甘い蜜のようだと思うのですが、
その報いは必ずやってきて苦しむのです。

Door to Happiness

26

真理を求める、正しい道を歩む人は、
必要以上のものを欲することがありません。

Door to Happiness

27

心は同じ性質のものを引き寄せるのです。
心を浄化することで、
今までと違った出会いがあるのです。

Door to Happiness

28

心が何を考えているか
多くの人はわからないのです。
瞑想を始めると心の動きがわかります。
そうしてはじめて心をコントロールできるのです。

29

何か指摘を受けたとき、
エゴの怒りに翻弄されず、
自分を見直すチャンスにします。
謙虚にその指摘に感謝をし、
反省して自分を正していきます。
それは心の進化です。

DOOR to HAPPINESS

30

人は鏡です。
人が暗いとき、あなたの何かも暗いのです。
自分を直すのです。
そうして自分が成長できるのです。

31

あなたは愛から生まれたのです。
宇宙の愛はあなたを癒します。

32

愛はささくれた心を癒します。
愛によってすべての問題が解けます。
敵対する心は愛によって萎えるのです。

33

愛は進化するのです。
無限の愛は、区別しない愛です。

DOOR TO HAPPINESS

34

智恵が湧くと疑いが晴れます。
疑いは命をすり減らします。

Door to Happiness

35

無知のままずっと生きるより、
真理を知って一日生きるほうが良い。
人生の目的は食べて寝て、
生きるために働くことではなく、
真理を知るために生きることである。

Door to Happiness

36

真理とは何か、それは究極の本質、変化しない存在。
あなたの出会っているものは
変化しているもの。絶対のものではない。
どんな素晴らしいものであっても、
それは永遠のものではない。

37

美しい心は、満ち足りた心、正しさに満ちている。
何ら不足を感じない、
すべてを学びとして感謝している。
何ら不足を感じない。
すべてが与えられている。

Door to Happiness

38

カルマの法則は、カルマ、つまり
行為が原因となり、結果を招くこと。
あなたの体と思いと言葉という行為の良い記憶が、
良い結果と幸福につながるのです。
あなたというキャラクターはあなたの作品です。

DOOR TO HAPPINESS

39

愛の言葉は人の心を癒します。
見返りを求めない良い行為をすると
天国に行けます。

40

怒りが怒濤のように現れても、
許しなさい。そして、それを見届けるのです。
相手の良いところを見ます。
相手を許します。人との違いを受け入れます。
恨んでいてもあなたは癒されない。許します。

41

みんな自分を守っている。
何を守るのか、みんな置いていかなければならない。
あなたが守るのはこの命、
永遠の命に到達するのです。

Door to Happiness

42

心の思いがすべてを作り、現象を引き起こす。
良い思いを持つことは気づきを進化させます。
すべては自業自得、自己の責任です。
選んでいるのは自分なのです。

DOOR TO HAPPINESS

43

怒りは、自分の思いが叶えられないとき、
爆発します。
エゴを落とし、見つめます。
やがて怒りが去っていくのです。

Door to Happiness

44

怒りのエネルギーはものすごくパワフル。
気づきをもちます。
それはあなたのエゴの主張なのか、魂の主張なのか。
それをいい方向に解放して、
クリエイティブに使っていくといいのです。

DOOR TO HAPPINESS

45

怒りも悲しみも、生きている証拠。
神が与えてくださったエネルギー。
あなたの中の願いが叶えられないとき、
それはエゴなのか、気づきを深めます。

Door to Happiness

46

エゴの成長は
やがていつかは終わりを告げるのです。
もう必要がなくなるのです。
それを手放したら、本当の自分になれるのです。
それが真理です。

DOOR to HAPPINESS

47

怒りのエネルギーを、
自分がやりたいことに解放していきます。
自分のエゴへの愛から人への愛に変えていきます。

DOOR to HAPPINESS

48

怒りのエネルギーに翻弄されないで、
コントロールします。
それが自分を変えることにつながるのです。

49

怒りも、喜びも、
私たちがもともと持っている、
生きようとする力。

50

生きていると体も動くし、心も動きます。
活動的なエネルギーが発生します。
それに気づいて見ています。
ジャッジしません。ただ見ています。

DOOR TO HAPPINESS

51

意識を覚醒させて見ています。
あなたが自分の心にコントロールされないコツです。

Door to Happiness

52

冒険をしましょう。
新しい、真理に向かう生き方、それが魂の望みです。
深いところの願いです。
外国旅行や山登りといった外側の冒険ではなく、
内側の冒険へ。

DOOR to HAPPINESS

53

あなたの本質に出会い、
生まれ変わっていく旅は新たなる冒険の旅です。
エゴの嵐をかわして愛の選択へと進む旅です。

Door to Happiness

54

あなたは神の子、素晴らしい存在です。
それを忘れないでください。

Door to Happiness

55

人は自分が体であり、
心であると思っている。
感覚と心の喜びを追求して豊かさを作っている。
それはやがてここに置いていかなければならない。
消えてゆくものや、
変化してゴミとなるものなのです。

56

もっと神から愛と、智恵と、
パワーをいただいて。
心と体と魂の存在であるあなたが、
心と体を従えて魂という主人になるのです。

57

カルマがいろいろなものに出会わせます。
すべては学びです。それを解消します。
意識を覚醒させて見ること、気づくことで、
カルマを終わらせるのです。

DOOR TO HAPPINESS

58

自分の心と感情を学びとして、
周りの人の魂を信頼し、
愛を選択して生きていきましょう。
それが浄化の旅です。

59

胎児はおへそで母親につながり、
成長してきました。
おへそのさらにその奥が生命エネルギーの源。
時間と空間を超えたところ。
源への道を歩むことで人生が楽になるのです。

60

宇宙は源からまず音と光が現れ、
それから形あるものが生まれました。
音と光の瞑想法で心身の汚れを浄化します。
音と光の源の神に出会っていきます。
それは永遠の安らぎを得ることなのです。

61

感覚から中心に入っていき、
さらに源に入っていくのです。
あなたの生まれてきたところに。
それが人生の目的です。
その営みは安らぎです。

DOOR to HAPPINESS

62

私たちの中にある川の流れ、
エネルギーの道は根源の海へと向かいます。
そこには愛が広がっています。

63

あなたの源にはすべての智恵と、
愛と、パワーがあります。
それを信じ、そこに向かいましょう。
それが本当の生き方です。

Door to Happiness

64

生きていることは、すべてが消耗です。
あなたがあるがままになったとき、
輝きが内側からやってくるのです。

DOOR TO HAPPINESS

65

内側は、パンドラの箱を開けたように
いらないものであふれている。
それを捨ててきれいにして進化するのが瞑想です。

66

あなたは、神の子。
自分を大切にしましょう。
自分の心と体をお掃除し、よく整えましょう。
神が内側から輝くために。

67

あなたが幸せになるには
何かを足すのではなく、
あなた自身の中にあるものを
目覚めさせていくのです。

68

あなたの中に、素晴らしい才能がたくさんあるのです。
心の曇りをとって、それを輝かせるのです。

Door to Happiness

69

人の奥深くに光があります。
イルミネーションの光を、人は喜びます。
自分の中の光を感じたいからなのでしょうか。
私はあなたの中の光を強めています。

Door to Happiness

70

見返りを期待せず、自ら無償の愛を捧げていきます。
誰にも褒められなくても、
それが深いあなたの真の望みなのです。

Door to Happiness

71

無償の愛を捧げつづけます。
あなたはもらいすぎてきました。
見返りのない愛を使うことで、
愛の光が強くなるのです。

Door to Happiness

72

カサブタをとったり、傷をいじったり、
心配したりすると治りにくい。
手当てをして放っておく。最終的には神頼み。
みんな、神様、仏様と呼んで、
信仰で助けてもらっているのです。

73

できることから、一生懸命、無心で行動します。
今ある与えられたことを、無心で行うと、
仕事の能率が上がるのです。

74

とらわれないで、無心で、
自分を信じて行動します。
恥は捨てる。格好良く見せようとすると、
ものすごいストレスがかかります。

75

相手の立場を考えて、感謝します。
人とうまく向かい合うことです。
人を責めたり、自分を責めたりする心をストップ。
感謝すると、楽に生きていくことができます。

76

無心の奥に愛があります。
自分を愛します。人を愛します。
その愛を育んでいくのです。

77

人に愛されなくても、自分を愛します。
自分から愛を出します。
愛を人から欲しがりません。
自分から愛を出していきます。
愛がすべてを癒してくれます。

DOOR TO HAPPINESS

78

瞑想をして、心を溶かしてしまいましょう。
深いところの混乱が解けはじめます。
ものや人という外側のもので本当に
癒すことはできないのです。

79

今にいること、それは心の思いを溶かします。
ヒマラヤシッダー瞑想がそれをやってくれます。

80

不動の人になります。
心が外れたときにそうなります。
源の自分と一体になるのです。

81

枝葉のもの、それは心の思い。
それをそぎ落として、
本当の自分になっていきます。

82

仕事、人間関係、芸術、お金。
いろいろな幸せの形があります。
それは変化するもの。
永遠のものではないのです。
その幸せは残らない幸せです。

83

すべてを味わってみると、
それが一時的なものだとわかるのです。
見たり聞いたりして味わう幸せは
感覚と心の喜びです。一過性の幸せです。

84

究極の幸せは、すべてを知っていくこと、
すべてがわかること、
それがいらないとわかること。
本当のものののみ、あなたとともにあるのです。

85

無限のパワーがあり、愛があり、
智恵がある源に橋をかけてつながります。
すべての苦しみが消えてしまいます。
光になったら影は消えるのです。
光と影は一体。光に影はいらないのです。

86

神がいることを信じます。
見えなくても信じます。
心のレベルのアドバイスを聞いても、
振り回されてしまいます。

87

無駄口ばかりきいていると、
バーッと漏電してしまいます。
たまには、静かに口をきかずに過ごします。
目を閉じてリラックスします。

88

口は禍《わざわい》の元。
自己を弁護するために大きなことを言ったり、
他人をけおとしたりと、
人を傷つけるかもしれません。
自己を見つめ、何も言わないのです。
自分自身を信頼します。

89

何ももらわなくても、あげる。
それは、損をするんじゃなくて、
魂に近づくということ。

Door to Happiness

90

欲望や怒りという心の働きにとらわれているとき、
無限の愛が流れなくなるのです。

91

無償の愛を、どんどん流していきます。
どんどん磨かれていきます。
人を助け、親切にして、
どんどん循環させていきます。

92

昼は愛とともに、クリエイティブであるのです。
そして夜は深い無限とともにあるのです。

DOOR TO HAPPINESS

93

私たちは素晴らしい存在。
磨けば磨くほど、
あなたの深いところから光が放たれ、愛が放たれ、
素晴らしいクオリティの人間になっていきます。

94

自分を愛し、周りの人を愛し、
いい心を使っていく。
神に悟ったマスターの橋をかけてつながって、
命の源泉の愛を満たしていく。
生きる力をいただいて、あなたの好きなことを、
喜んでやっていきます。

DOOR TO HAPPINESS

95

お金はエネルギー。
心配しなくても、エネルギーが満ちてきます。
あなたが愛を出すのならです。
お金はいい方向に使っていけば、回っていきます。

96

心の奥に魂があります。
魂は、神から分かれた無限の存在。
無限の力がいっぱい。
自分を信じ、無心で行えば、
魂から力をいただいて、
思った以上の結果が出るのです。

97

心の奥深く、それを超えたところに
答えを知っている存在があります。
そういう存在に近づくことができたら、
悩まないで、幸せに、
自信をもって生きていくことができるのです。

DOOR to HAPPINESS

98

魂は純粋な存在です。心を超えた存在。
好きとか、嫌いとか、心を超えたところにある存在。
あなたを生かしめている、源の存在です。

Door to Happiness

99

宇宙を創り出している、創造の源。
それを神というのです。
そこから分かれたのが、あなたの魂です。
神と魂への道を示し、ガイドする人がいます。
神になってそれを体験した人、
シッダーマスターです。

100

すべてを創り出す源、それが神、それを信じる。
信じるとそこからパワーがいただけるのです。

DOOR to HAPPINESS

101

相手の中にも魂があります。
外側は悲しそうでも、怖れていても、偉そうでも、
その奥には、純粋な存在の魂がある。
それを信じます。
あなたに見える外側の様子は
あなたの心の投影です。

Door to Happiness

102

あなたの前に現れたその方に、挨拶をするとき、
神を拝むような気持ちで、ありがとうございます。
そうすると、自分の心も安らぐし、
相手からも信頼の波動が返ってくるのです。

103

自分を愛し、周りの人を愛し、信頼します。
どんどんいいエネルギーが増えて、
周りの人からもいいエネルギーをいただいて、
楽に生きていくことができるのです。

Door to Happiness

104

信じると、パワーがいただけます。
疑ったら、それだけでグーッと疲れて、
パワーダウン。
病気にもなりやすいのです。
自他の本質を信じましょう。
最高の恵みは高次元の存在を信じることです。

105

あなたは素晴らしい存在です。
あなたは神の子。あなたの中に信じる心があります。
そういうものを伸ばしましょう。
この人生を無駄なく、輝いて生きていくために。

DOOR to HAPPINESS

106

本当に深いところから、信じる。
それは、信頼になる。
信頼は、魂と魂のつながり。
それは、変化しない関係です。

DOOR TO HAPPINESS

107

あなたは、本当は、答えを知っているのです。
あなたはいったい、誰なのか？
あなたの中に何があるのか？
深いあなたはとてもお利口さん。
すべてがわかっているのです。

108

私たちが本当に素直になって信頼すると、
喜びが訪れてくるのです。

109

お母さん、お父さんも人間です。
自分のように、子供に苦労させたくないから、
厳しい言葉を言ったのです。
親の立場を理解して許す心、
そこから祝福がやってきます。

Door to Happiness

110

私たちには、
過去生からの設計図があり、その通りに生きていく。
それが運命です。
悟りからのガイドで運命は変えられるのです。

Door to Happiness

III

周りの人は神から送られた存在です。
それを尊敬し、周りの人を愛し、信頼します。
深いところに純粋な存在があるのです。

DOOR TO HAPPINESS

112

あなたが良いエネルギーを出すと、
良いエネルギーを引き寄せます。
神の祝福があります。
それがあなたに降り注がれる。
みんなから愛されて生きていくことができる。

Door to Happiness

113

見えない存在からの祝福は幸福を呼びこみます。
ガーディアン、守護神、
あなたを守ってくれるエネルギー、高次元の存在。
そこにつながると、災いを防ぐことができるのです。

DOOR to HAPPINESS

114

心は、常にいろいろ考えて、
同じクオリティのものを引き寄せます。
もっと高次元のパワフルな波動につながると、
悪いものを寄せ付けない。
あなたを守ってくれるのです。

115

自分をダイヤモンドのように磨くためにも、
まず、周りの環境を整え
攻撃されないようにします。
内側から整えます。
それが守護神の波動の瞑想です。

DOOR to HAPPINESS

116

ヒマラヤシッダー瞑想を毎日行っていくと、
一日中その波動が、あなたを守ってくださる。

117

源から生まれて、そこに還っていく。
そのための人生なのです。
変化しない、永遠の存在があります。
そこにつながっていく。
それは依存ではなく、真理への道なのです。

118

気づいて、そして、
物事のことわりがわかります。
体験的にわかっていく。
あなたの意識が進化するのです。
それは真の成長です。

Door to Happiness

119

親は誰もが、子供の成長を願っています。
あなたの奥に、
あなたを支え、命を与える存在があります。
そうした存在は、
本当のあなたの幸せを願っています。

DOOR TO HAPPINESS

120

愛には、いろいろな形があります。
たいがいは、愛してあげるから、愛してほしい。
見返りを期待した愛。
本当の愛は、お母さんの子供に対する愛。
見返りを期待しない愛。

121

見返りを期待しない愛を、
誰もが実践していくと、
奪い合う世の中ではなくて、
分かち合う世の中になる。
平和になっていくのです。

DOOR TO HAPPINESS

122

分かち合い、相手の幸せを願う。
相手の成長を願う。
それは太陽のような生き方。
太陽の光は動植物を生かし、成長させ、
見返りを期待しない無償の愛。

123

あなたの中に素晴らしい愛があり、
智恵があります。
心の曇りがそれを覆って見えないのです。
瞑想は心の曇りをとる営みです。

Door to Happiness

124

無償の愛を分かち合うことで、
素晴らしい縁をいただき、
さびしさもなく、さらに愛が満ちてきます。
どんどん力をいただいて、
生きるのが楽になっていきます。

125

与えると、失うのではなくて、満ちてくる。
愛は無限で、与えると、
失うどころか増えるのです。
数学の計算とは違うのですよ。

DOOR TO HAPPINESS

126

心は常に不安になったり、
怒りを感じたりして動いています。
心をストップさせる。
不安な思いが浮かんだら、
「これは私ではない」と、ただ見ているのです。

Door to Happiness

127

あなたは、「心」から自由になることができます。
今にいることを選択します。
心は力を失って萎えていきます。
いつまでも若く、
素晴らしい智恵と愛を持った人に変容できます。

DOOR TO HAPPINESS

128

「いい人になりたい」という肯定的な思いでも、
それにこだわると、今にいることができません。
クリエイティブな心を使い続けることでも、
やがて心に翻弄されて今にいないのです。

129

あなたのほうから、愛を差し出していきます。
無心になってそういう行為をしていくと、
意志の力が強くなり、
どんどん執着がとれて、心が楽になっていくのです。

Door to Happiness

130

行為をした結果が、
自分の中に刻まれていきます。
心の記憶が設計図となって、
今の人生を決めているのです。

Door to Happiness

131

幸せになるには、
自分が成長していくことです。
どういう幸せがいいのか？
気づきをもって成長していくのです。

Door to Happiness

132

自分の中の素晴らしいキャラクターを
どんどん育てていくと、
生きることが楽になっていきます。

Door to Happiness

133

あなたの中に愛の海があります。
あなたは自分を信じることで、
もっと揺るぎない人になり、
そこから生命力と愛をいただいて、
周りの人に惜しみなく与える力を得るのです。

Door to Happiness

134

心は変わってしまいます。
ときに裏切られるかもしれません。
相手の魂にチャンネルを合わせ、愛を送ります。
相手からも本当の愛があなたに注がれるでしょう。

135

記憶が私たちの運命を決めているのです。
それを変えると、運命が変わります。

136

祈ったり、瞑想したりすると、
内側の世界が平和になります。
記憶やカルマが浄められ、自分が変わります。
すると、運命がどんどん変わっていくのです。

137

慈愛をもって行為をすると、
体が平和になり、心が平和になり、癒されます。
エネルギーの消耗が少ないので、
よりいっそういいことが生まれ、
奇跡が起きていくのです。

DOOR TO HAPPINESS

138

永遠の存在につながって信じます。
そこから愛がほとばしり出て、
パワーがほとばしり出て、
そこから智恵が湧くわけです。
それはもう「鬼に金棒」の生き方です。

139

計算のない自然な心になるということが、
相手も疲れないし、自分も疲れないのです。

Door to Happiness

140

人間関係を良くするには、相手を尊重して、
すべて学びであるという気持ちで
出会っていきます。
自分が真ん中にいるということなのです。

141

人と比較すると、疲れてしまいます。
自分を愛して、自分の中にある素晴らしさを信じて、
自分を磨いていくということが大切なのです。

142

自分の奥深くの無限の存在、
大いなる存在を信じていくと、
自信が出て、いざというときに、
ものすごい力を発揮するのです。

143

あなたが本当に純粋な心のレベルで願えば、
すべてが実現していきます。

Door to Happiness

144

あなたは、素晴らしい存在です。
あなたは、心と体と魂でできている小宇宙です。
本当の自分に出会う旅を
これからしていきましょう。

145

あなたの内側に何があるのかに気づいていきます。
自分で気づくことが大切です。
最後で、最高の気づきが究極の悟りなのです。
本当の自分になるのです。

DOOR to HAPPINESS

146

人生は旅です。さまざまな出会いが、
あなたに学びを与えてくれます。
いろいろな心が動いて、気づきがあります。
いつも、愛を選択し、
人生をときめかせて生きていきましょう。

Door to Happiness

147

見えないところに、すべてを生み出す力がある。
源の存在から、あなたは生まれ、
恵みをいただいて生かされている。
そこに還っていかないと、
本当の満足をしないわけです。

148

あなたは、心が自分だと思っています。
心はみんな考えが違います。そこに争いが起きます。
心を使うときは理解が必要です。
そうでないと争いが起きてしまうのです。

149

すべてを癒すのは愛です。
でも宗教の神々や仏の違いで
愛することが争いになります。
違いの愛は心の愛です。
私たちは内側にある、
本当の自分に出会いましょう。

Door to Happiness

150

心は、体験の記憶が染みついて、
アストラル体にあります。
ヒマラヤの聖者はその浄めと、
それを超える悟りの秘密を知っています。
それは誰も知らない秘密の教えです。

151

瞑想をして、
自分の中にいいエネルギーを育んでいくと、
いくつになっても生きるのが楽しい。
定年退職がないのです。
天国に行っても、
さらにその後も学びを続けていきます。

Door to Happiness

152

自分はたいしたことはないっていうことが
わかっただけでも、
エゴのゲームが終わって謙虚な人になる。

153

無欲になったら、どこへ行くのか。
神の意志によって、
みんなを幸せにするために働くのです。

Door to Happiness

154

自分で気づくことではじめて、
「心」って何なのか、
「空」って何なのかがわかるのです。

Door to Happiness

155

心身を浄めると、
純粋な心となります。
いいものを引き寄せる人になっていきます。

156

純粋になればなるほど、思ったことが、
ぼーんと相手に伝わってしまいます。
その人を嫌いと思ったら、パッと相手に届きます。
だから、すべての人は神様だ、
神様だと思うのです。

157

純粋意識というのは「心」ではなく「魂」です。
神のような力があるのです。
純粋意識で物事を見ると、
それはレーザーのようなパワーで、
心を覆う曇りを溶かしていきます。

158

楽しいことは、ほんの一瞬。
人生は、歩き、食べ、寝るという普通のこと、
それは真理に向かう学びの踏み石なのです。

159

言葉にいろいろな思いがくっついている。
言い訳やエゴ、自慢です。
愛を盛り込むのです。言葉ではなく。
言葉ではないもの、愛がみんなに伝わっていく。
愛が癒すのです。

Door to Happiness

160

みんな、演じているのです。
お父さん、お母さん、社長さんと
役割を演じている姿です。
それを脱いで純粋なあなたになる。
そのとき安らぎを覚えるのです。

161

人生はエネルギー交換の旅。
そのために生まれてきたのです。
もらいすぎたエネルギーをお返しするために
生まれました。

Door to Happiness

162

カルマの記憶に基づいて、
不十分なものを取り返し、
もらいすぎたものを与えていくのです。
進化のためにはすべて与えていくのがいいのです。
見返りを求めないのです。

163

人は生死を繰り返して苦しんでいるのです。
みんなの幸せを願ったら、
生まれ変わらない悟りへの旅が始まるのです。

164

感謝をします。相手の平和のために祈願を出します。
相手は平和になり、愛や許しを返してくれます。
自分も感謝することで、
すべきことは済んだと、平和になるのです。

165

感情を浄め純粋な愛になると幸せになります。
感情に翻弄され、変われないと思うと、
苦しみになるのです。

DOOR TO HAPPINESS

166

人に何かをあげたら、何かを返してもらう。
不足を埋め合わせるのがギブアンドテイク。
無償の愛を捧げると、歓びと感謝が返ってきます。
捧げる生き方がヒマラヤの恩恵です。

DOOR to HAPPINESS

167

神社巡りをして充電されるのは
社会の調和に役立ちますが、
本当は自分の体が社でその中に神があるのです。
私たちの内側にある七二〇〇〇のエネルギー、
そのすべてが神々の働きです。

168

幸運は良いカルマからやってきます。
意識を覚醒して、
良いエネルギーにピョーンと乗るのです。
本当のあなたに出会っていくのです。

Door to Happiness

169

心を修行していかないと、情欲が侵入します。
ヒマラヤの恩恵はカルマを浄化して、
それらの欲をコントロールできるのです。

DOOR to HAPPINESS

170

みんな、色眼鏡をかけて曇った目で、
人を見ています。
もっと愛を使います。
誰の中にもある純粋な存在につながると、
今までと違ったものが見えてきます。

171

疑いの心はわきに置いて、
もっと信頼を捧げます。
もっと親切にします。
感謝をもっていいものを与えていくと、
どんどんいいカルマを積み、
運命が好転していくのです。

172

あの人がこういった、こうした、
あの人が傷つけた、と恨みに思い、
恨みを返そうとする人は、いつも苦しみが絶えない。
許す心ととらわれない心によって平和が生まれる。

173

衣食足りて礼節を知る。
欲しいものが手に入ると、
優しくなれたりするのです。
でも、源につながると、
深いところから満ちる愛で
自分が恵まれていなくても、
分かち合う心になるのです。

174

あなたの中にも太陽があります。
太陽は、ただ光を与えるだけの存在。
見返りを期待しないで愛を捧げていくと、
あなたは太陽のように輝いていくのです。

175

嫌なことがあったら感謝。それが学びです。
悪いことが返ってきたら感謝。
愛を捧げることでカルマが浄まり、幸運が開けます。
あなたの願いは何でも叶っていくのです。

176

暗闇があり、光があります。
暗闇があるからこそ、光が大切なのです。
あなたの光を強めること、
それは命の働きを強めること。
そのことを忘れません。

177

愛の言葉は光を強めます。
憎しみや怒りの言葉は、光を消していきます。

178

自分を信じること、
それは深い安定をつくりだすのです。

179

あなたは自分を愛します。
そして、人の奥深くにある純粋性を愛します。

180

思い切り泣きましょう。
悲しみを湛えているあなたの心、
思い切り雨を降らせて、そこに光が差すように。

DOOR TO HAPPINESS

181

心が混乱しているとき、頭の中は曇っています。
あなたの頭の中に、青空が広がって、
どこまでも、どこまでも、澄んでいる。
そうした状態があなたを進化させるのです。

Door to Happiness

182

人は自然から生まれた子です。
あなたの中の自然性を取り戻す。
それは、完全なる調和です。

183

体は宇宙の縮図です。
太陽があり、月があり、あなたは生きていきます。
これがヒマラヤ聖者の秘密の教え、命の科学です。
秘密の力でその源に到達すると神に出会うのです。

Door to Happiness

184

呼吸はいつもあなたとともにあります。
吸う息、吐く息、
生きること、死ぬことを繰り返しています。
そして、呼吸が静寂になったとき、
それは究極の今になったのです。

185

あなたの奥深くにあなたを生かしめる
太陽の輝きがあります。
そして、そこからの無限の愛があります。
そこに戻ることは、
完全なる幸せになるということなのです。
そのために、あなたは周りの人に
無条件の愛を捧げます。

186

心で相手を見ると違いをジャッジします。
愛をもって見ましょう。
そこに平和が訪れます。
誰もが愛から生まれ出所が同じなのです。
人のいいところを見て学びます。

187

自信をもって前に進みます。チャレンジです。
神が与えてくれた命を出し切っていくのです。
心を無にして自分を信じましょう。

188

人と比較しません。
それぞれの人が一生懸命に生きています。
それを褒めたたえます。
自分のいいところを信じて進みます。
人と出会って学び
クリエイティブに生きていきます。

Door to Happiness

189

あなたの奥深くにすべてを生かし、
愛して見守る存在があります。
あなたが素直になってリラックスしたとき、
心が外れて神に近くなり、
パワーをいただけるのです。

Door to Happiness

190

人の心の奥深くに永遠の存在があります。
それはすべてを創り出す源、
人はそれを神と名づけました。
神を信じます。
すると神はあなたを守ってくださるのです。
大きな愛で。

Door to Happiness

191

あなたは素直な気持ちで人と接します。
みんな神様から送られた学びの対象です。
あなたが苦手と思う人は
エゴが嫌がっているのです。
その出会いこそ成長させてくれるのです。

192

あなた自身を愛します。
そしてあなたと同じように
周りの人の深いところの純粋性を愛します。
見えるものには慈しみの愛を与えます。

Door to Happiness

193

あなたから愛を出します。愛しています。
あなたから学びをいただきます。
感謝します。ありがとう。出会いに感謝します。

Door to Happiness

194

あなたの愛にはギブアンドテイクがあります。
信頼します。
ありがとう、あなたの幸せを祈りますと。
愛と尊敬をもって接しましょう。
すべては学ぶための出会いです。

DOOR TO HAPPINESS

195

あなたの我を通すと、
向こうの我がこだまして還ってきます。
こちらの我が張り合ってしまいます。
類は友を呼ぶのです。
愛を出します。愛が還ってきます。

196

愛は固まった心をほぐすのです。
自分を愛することで
自分の固まった心がほぐれます。
人を愛することで、
人の固まった心がほぐれます。

DOOR TO HAPPINESS

197

自然な笑顔は、みんなが元気になる。
一日のはじめに笑うと良い、一日が明るくなる。
生きていることはありがたいのです。
成長して学びをいただきます。
何ら無駄がないのです。

DOOR to HAPPINESS

198

生きることは喜びです。
ただ生きることが素晴らしい、生命の躍動です。
生きて呼吸をする、細胞全部が笑って、
ワクワクしてきます。
それが今にいること、平和なことなのです。

Door to Happiness

199

目標を立てて、集中して無心で立ち向かう。
無欲はより良い結果につながります。
天からの愛が降り注ぎます。
良い原因が良い結果を結びます。
良いカルマの種を植えましょう。

Door to Happiness

200

あなたの深いところに素晴らしい
生命エネルギーがあります。
心を休めたとき、そこにつながるのです。

DOOR to HAPPINESS

201

誰の心の中もセルフィッシュで
否定的になりやすい。
あなたが感謝を差し出しましょう。
生きていること、人間に生まれたことが素晴らしい。
考えることができる。
良いことを思い出しましょう。

DOOR TO HAPPINESS

202

自分の心を否定から肯定に変える。
それはすべてに感謝すること。
心に振り回されず無心で今にいます。
心のそれは単なるエネルギーのうごめきだからです。

203

今にいること。
そうすることでどんどん充電されるのです。

204

何でも楽しんで行います。
動くこと、できること、すべてがありがたいのです。
できるという気持ちが、成果を出していくのです。
すべてが学びです。

205

真っ白な心で意欲をもって、挑戦します。
しっかりと計画を立てて、人と競争しないで、
自分を信じてマイペースで楽しみながら
やっていきます。

206

生まれたままの純粋な心になると、
すごい潜在能力が開かれます。

207

ヒマラヤシッダー瞑想は、
あなたを生まれ変わらせます。
できないというマイナスの心が全部消えて、
いい方向にエネルギーが向かうのです。

DOOR TO HAPPINESS

208

あなたの中にすごい能力がある。磨きがいがある。
余計なものを捨てて整理整頓。頑張らない。
自然体。
それで力が湧いてきます。

DOOR TO HAPPINESS

209

頑張ると、やっぱり消耗してしまいます。
頑張らないで、高次元の存在に
お任せして楽しんで行います。

210

通常の心はあなたを支配し
あなたは心の奴隷になっています。
常にやらねばならぬではなく
気づきをもって、自然に愛から喜んで行います。

211

仕事をいただき、お給料もいただき、
精神を統一して、
この仕事を見ていてくれる人がいて、
自分を磨けるなんて、
本当にありがたいのです。
何ら文句はありません。

212

私たちの深いところに愛の海があります。
そこから愛を引き出し、そこに向かうのです。

213

人間のクオリティを戦いから愛に変えて、
競争から愛に変えていくのです。
それはただ満ちることなのです。

214

お互いに助け合い、
できない人にも慈しみの心を差し伸べて、
愛そのものになる。
それが最高の平和運動です。

215

ヒマラヤシッダー瞑想で浄化されて、
愛が湧いてきます。
汚れがとれて進化し愛そのものになるのです。
意識が進化して、変容していくのです。
すべてが手放されてただ愛になるのです。

DOOR to HAPPINESS

216

心は時を刻みます。
明日を考え、過去を考えます。
心が今にいるとき、
未来もないし、過去もないのです。
そのとき究極の存在と一体になるのです。

Door to Happiness

217

ヒマラヤシッダー瞑想は
心を空っぽにする営みです。
平和は心の奥にあるのです。
心が区別するとき、平和が破れるのです。
心の深いところに平和があります。

Door to Happiness

218

心は区別する働きです。
あれとこれが違うと認識します。
そして同じものをくっつけ、
違うものに反発します。
それが創造の展開です。

219

心は区別します。
色の白い人、黒い人、利口な人、馬鹿な人、
心を超えるとみんな出所が同じになり、
「みんな兄弟なんだ」と、
そういうふうになります。
そこに平和が現れます。

220

ヒマラヤシッダー瞑想は心を整理整頓して
無心になります。
みんなが瞑想をすると心を超えて
平和な世の中が実現します。

221

裸で生まれて裸で死んでいきます。
肉体もこの世界に置いていきます。
本当のあなたは肉体と心ではない。
あなたにくっついたものです。
手放せるものはすべて本当のあなたではない。

222

自分自身になるというのは、自己を知ること。
アートマンになること、魂になることです。
自己の悟り、
それがセルフリアライゼーションです。
それが人生の真の目的です。

223

人のことを気にしないで、
自分のペースで自分の内側に目覚め
浄化する人はやがて、
しっかりと悟りを得ていくでしょう。

224

汚い心の思いと行為は内側に刻まれて
あなたを苦しめるのです。
砂漠を走った車の後に、車輪の跡が残るように。
心の曇りをとって、
ストレスをとっていくと、純粋な心になるのです。

Door to Happiness

225

心の癖は余計なはからいごと。
自己防衛をしているのです。
心の癖の手の内が、神様には全部見えています。
素直になり降参です。
サレンダーしましょう。

DOOR to HAPPINESS

226

心を捨てて無心で向かうとき
どんどんパワーが溢れて、愛が溢れて、
ストレスを感じないで、
新しい仕事に意欲をもって挑戦できるのです。

227

すべてに感謝する。すべては学びです。
ストレスは心の価値観が感じるもの。
苦しい仕事ほど、ありがとうございます。
相手のいいところを思って、感謝します。

Door to Happiness

228

真理の道は私には関係ないと
たかをくくってはいけないのです。
みんなが急いで善行をします。
そうでないとどんどん悪があなたの心にはびこり、
また社会が乱れるのです。

DOOR to HAPPINESS

229

雑念や否定的な考えが見えます。
それを消すには善行を急ぐのです。
良い行為から良い結果が生まれるのです。

Door to Happiness

230

カルマは過去生から連綿と続いている。
今生良い運命を歩いている人は、
過去生からの功徳を受けている。

231

これから運命を良くする人は、
善行を限りなく積むことで、
その功徳が実って良い運命が現れてくる。

232

他人をジャッジしないこと。
他人の出来、不出来を見ないで、
自分がどうであるかに気づくのが良い。

233

言葉だけがきれいでも、
それを実行しなかったら意味がない。

234

徳行は善行である。
それは最高の香りを放つのです。
太陽のように輝き、
しっかり善行を積みます。
周りの人を真理に導くのです。
その人の苦しみのとげを抜くために。

235

どんな立派な家も朽ちてしまうのです。
あなたの徳は朽ちることがない。
悟る智恵は長く伝えられる。

236

過去から無知で
自他を傷つけてきた生き方から、
善なる思いと行為と、
言葉を使う生き方にシフトする。
その果報の実りを早まらず無欲で待ち、
善行を積んでいきましょう。

237

善の果実が実るには
今までの無知のカルマを相殺していくのです。
実りの果報は無欲で待ちましょう。
時に大難が小難になって現れます。
さらに信頼を深め善行を積むのです。

Door to Happiness

238

報いがすぐに実らなくても善の勧めを怠らない。
気づきをもってしずくが一滴ずつ落ちて
瓶がいっぱいになるように
善行に励み続けることで、
やがてあふれる幸運がやってくるのです。

239

怒らない。暴力を振るわないのです。
すべての人は幸せになりたいと思っています。
その幸せを壊す権利はあなたにはないのです。
その報いは自分に還ってきます。

240

一〇〇年無知で生き、
行為が悪く人を傷つけたり、うそをついたり、
心が乱れて生きるよりも、
一日愛と感謝をもって、
静かな心を体得して生きるほうが
優れているのです。

おわりに

真理からの言葉を、あなたに送りました。私たちはこの小宇宙である体と心と魂を、神様からいただきました。

私たちの中に神があり、そこから分かれた魂があります。それがこの小宇宙を生かしめています。あなたは感覚があり、そして情報をキャッチして、心が動きます。その心が美しく、愛あるものになることがあなたの成長です。理解を深め、そしてもっと愛をシェアし、平和をシェアし、バランスのとれた生き方をしていきます。

あなたの近くにすべてを知り、すべてのパワーを持つ神があり、本当のあなた、真理があるのです。この人生は、本当のあなた、魂、つまり神、変わらない永遠の存在の真理に出会うために生まれてきたのです。それが人生の本当の目的です。

あなたは生きるために、またクリエイティブに体を使い、心を使い、いろいろな体験をしています。欲望があり競争があり、怒りと苦しみがあります。比較の心、嫉妬の心があります。人は純粋な存在、本当の自分、つまり真理を知らないのです。それを無知といいます。何かが得られないとイライラとして怒ってしまいます。

もともと私たちに神様がすべてを与えてくださっています。ヒマラヤの修行はあなたを目覚めさせ、きれいにして元のあなたに戻します。その道へのスタートを切ったなら、すぐに輝く人生を獲得し始めるのです。そのために生まれてきたのですから、幸福への扉が開かれます。

私はディクシャという、サマディからのエネルギー伝授であなたを浄め、さらに内側を磨く修行法や瞑想法を伝授しています。音の波動により、光の波動により、あなたはどんどん変容して、クオリティの高い、意識の高い、愛と智恵のあふれる素晴らしい完全なる人間になることができるのです。

悟りに向かう真の成長をすることができるのです。私は、究極のサマディにより祝福を与える存在になりました。本当の自分への橋になり、あなたを真の幸せに向かわせます。あなたはより根源からのパワーと愛と智恵をいただき、才能を磨いて、楽に生きていけるのです。

人は、神からすべてが与えられ、自然で満ちていたのです。しかし、あまりにエゴが発達して、神を見失いすべてが人工的になり、常に何か違うものに依存し演じて本当の自分から離れてしまったのです。今、ヒマラヤ聖者があなたを目覚めさせます。本当の自分への橋を架け、それに向かう旅をします。頑張って演じた不自然な苦しみを作り出す生き方から、もっと純粋で、輝いて生きていきます。神につながり、力をいただいて生きます。すべてが楽に、神のような素晴らしい智恵と愛をもって、よりクリエイティブに生きるあなたに変容できるのです。

ぜひ、あなたの人生に愛を育み、智恵を育み、嘘のない自然で太陽のような輝く生き方をもって、本当の自分になる道を歩んでください。この本は、あなたが最高の人間に向かうための扉になるのです。真の幸福への扉です。あなたへ惜しみない愛を送ります。あなたのさらなる成長と幸せをお祈りいたします。

二〇一九年三月　ヨグマタ相川圭子

ヨグマタ相川圭子

（よぐまた あいかわけいこ）

女性で史上初、「究極のサマディ（悟り）」に達したインド政府公認のシッダーマスター（サマディヨギ／ヒマラヤ大聖者）。現在、会うことのできる世界でたった2人のシッダーマスターのうちのひとり。仏教やキリスト教の源流である5000年の伝統を持つヒマラヤ秘教の正統な継承者。1986年、伝説の大聖者ハリババジに邂逅。毎年ヒマラヤの秘境で修行し、死を超え、そこに何日間もとどまる最終段階のサマディに到達し究極の真理を悟る。神我一如、最終解脱をはたす。1991～2007年、計18回インド各地で世界平和と愛をシェアするための公開サマディを行う。2007年、精神指導者の最高の称号「マハ・マンダレシュワル（大僧正）」を授かる。

日本にて30代から約40年にわたり、読売、朝日、NHKのカルチャーセンターなどでヨガ教室を指導・監修、および真の生き方を講演する。

シッダーディクシャを伝授し、ヒマラヤシッダー瞑想の伝授と研修、合宿を行う。欧米でも同様に行う。2016年6月と10月、2017年5月に国連の各種平和のイベントで、主賓としてスピーチをする。

著書は、『未来をつくる成功法則』（大和書房）、『ヒマラヤ大聖者の智慧』（世界文化社）、『成功の源泉』（さくら舎）、『ヤマ・ニヤマ』『八正道』（ともに河出書房新社）、『The Road to Enlightenment: Finding The Way Through Yoga Teachings and Meditation』（Kodansha USA）など多数。

2017年4月よりTBSラジオにレギュラー出演、加えて2018年10月からはBSテレビにレギュラー出演。多くの番組に出演する中、瞑想や真理のレベルから、新しい生き方を語る。

〈問い合わせ先〉

ヨグマタ相川圭子主宰 サイエンス・オブ・エンライトメント
TEL: 03-5773-9875（平日10～20時）
FAX: 03-3710-2016（24時間受付）
ヨグマタ相川圭子公式ホームページ http://www.science.ne.jp/

写真
サイエンス・オブ・エンライトメント（P6～7）
Adobe Stock（P42～43、P78～79、P114～115、P150～151、P186～187、P222～223）
ブックデザイン
鈴木成一デザイン室

幸福《こうふく》への扉《とびら》

2019年 4 月30日 初版第1刷発行
2024年11月30日 第2刷発行

著者
ヨグマタ 相川圭子《あいかわけいこ》

発行者
三宅貴久

発行所
株式会社 光文社
〒112-8011 東京都文京区音羽 1-16-6
編集部03-5395-8172 書籍販売部03-5395-8116 制作部03-5395-8125
メールnon@kobunsha.com

落丁本・乱丁本は制作部へご連絡くだされば、お取り替えいたします。

組版
萩原印刷

印刷所
萩原印刷

製本所
ナショナル製本

R〈日本複製権センター委託出版物〉
本書の無断複写複製（コピー）は著作権法上での例外を除き禁じられています。
本書をコピーされる場合には、そのつど事前に、
日本複製権センター（Tel: 03-6809-1281、e-mail:jrrc_info@jrrc.or.jp）の許諾を得てください。
本書の電子化は私的使用に限り、著作権法上認められています。
ただし代行業者等の第三者による電子データ化及び電子書籍化は、
いかなる場合も認められておりません。
© Keiko Aikawa 2019 Printed in Japan ISBN978-4-334-95089-7